ISBN 9788411744249 © Eve Stars, 2023

Impresión y editorial: BoD – Books on Demand
info@bod.com.es – www.bod.com.es
Impreso en Alemania – Printed in Germany

Este libro
pertenece
a este
extraordinario,
enérgico
y especial
Aries:

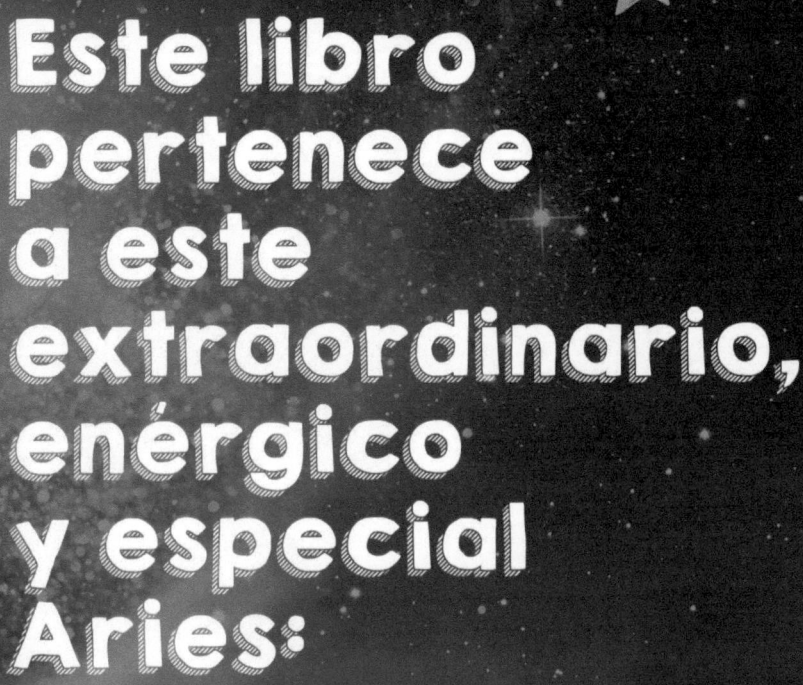

Aries

21 DE MARZO – 20 DE ABRIL

ERES **AVENTURERO** Y FUERTE,
PIONERO Y VALIENTE.
LISTO, DINÁMICO, **SEGURO** DE TI.
UNO DE LOS MÁS
ENÉRGICOS DEL ZODIACO.
TE GUSTA **GANAR** (¿Y A QUIÉN NO??)

INDEPENDIENTE

APASIONADO

ESPONTÁNEO

AGRESIVO

TEMERARIO

HONESTO

ERES UN SIGNO DE FUEGO,
TRABAJADOR, LÍDER Y...

REBELDE.

ERES EL

IMPETUOSO

DEL ZODÍACO

TU EMPLAZAMIENTO NATURAL
ES LA PRIMERA CASA,
LA CASA DEL ASCENDENTE.

EL YO PROFUNDO, LO QUE ERES
EN TU MÁS PURA ESENCIA.

Elementos
de
Aries

COLORES: ROJO, ESCARLATA, AMARILLO. VÍSTETE CON ESTOS COLORES CUANDO QUIERAS LIGAR Y SERÁS IRRESISTIBLE (SI ES POSIBLE SERLO AÚN MÁS)

PIEDRAS: DIAMANTE, GRANATE, PIEDRAS ROJAS. CUANDO TROPIECES DOS VECES, COMO SUELES HACER, QUE SEA AL MENOS CON ALGUNA DE ESTAS PIEDRAS

ÁRBOLES: ROBLE, AVELLANO. ABRÁZATE A UNO DE ESTOS ÁRBOLES CUANDO ESTÉS DE BAJONA. TE QUIEREN

FLORES: NARCISO, TULIPÁN, MADRESELVA. LOS VULGARES RAMOS DE ROSAS NO ESTÁN A TU ALTURA. EXIGE MÁS

Hablemos claro, Aries

TU VIDA REBOSA DE ENERGÍA, VITALIDAD Y PASIÓN. SIEMPRE TE VEREMOS CORRIENDO, LUCHANDO, MARCANDO TERRITORIO, NO SÓLO PARA COMPETIR SINO TAMBIÉN PARA LIBERARTE DE CUALQUIER LAZO QUE INTENTE RETENERTE. VIVES EL INSTANTE, ERES ESPONTÁNEO, TIENES TANTA FUERZA QUE MUCHAS VECES ESTO TE VUELVE TORPE, APURADO.

MENTALMENTE ERES RÁPIDO, TE GUSTA HABLAR MUCHO Y TIENES IDEAS COMO CHISPAS, BROTAN CON RAPIDEZ Y SIN PARAR.

LLEVAS BASTANTE MAL LA INDECISIÓN Y LA PARSIMONIA, TIENES REACCIONES RÁPIDAS Y BREVES, ES FRECUENTE QUE EMPIECES LAS COSAS PERO NO LAS TERMINES PORQUE ERES INDISCIPLINADO.

PUEDES SER ALGO ARROGANTE Y ORGULLOSO, TAMBIÉN MUY FUERTE CUANDO LA OCASIÓN ASÍ LO REQUIERE Y, SOBRE TODO, MUY VITALISTA.

ERES ABIERTO CON LOS DEMÁS Y SENSIBLE. CUANDO LAS COSAS SE PONEN FEAS REÚNES FUERZAS PARA AFRONTAR LOS PROBLEMAS Y NO CAER EN EL DESÁNIMO. ERES UNA PERSONA MUY COMPETITIVA.

ERES INTRÉPIDO Y NO TE ACHICAS ANTE NINGUN DESAFÍO, QUEDÁNDOTE ORGULLOSO DE TI MISMO AÚN NO HABIENDO LOGRADO EL OBJETIVO.

ERES DE NATURALEZA GENEROSA CON LAS PERSONAS QUE TE RODEAN. NO ERES RENCOROSO, YA QUE SUELES OLVIDAR LOS ENFRENTAMIENTOS Y DIFERENCIAS ENTRE AMIGOS Y COMPAÑEROS.

ERES APASIONADO, AL IGUAL QUE UN VOLCÁN EN ERUPCIÓN, DIRECTO Y LEAL PUEDES SER REBELDE EN ALGUNAS OCASIONES.

VIVES EL PRESENTE DE FORMA INTENSA, IMPREVISIBLE, ALEGRE, NUNCA ABURRIDO Y VIVAZ.

Amuletos para Aries

¿CREEMOS EN LAS FUERZAS OCULTAS? ¡Sííí! ¿Y CREEMOS EN LOS AMULETOS? ¡TAMBIÉÉÉÉN! PUES TIRA YA ESA PATA DE CONEJO RANCIA, ESTOS SON LOS AMULETOS QUE TE AYUDARÁN A CONSEGUIR TODAS TUS METAS.

LOS AMULETOS MÁS EFECTIVOS PARA LOS NACIDOS BAJO EL SIGNO DE ARIES SON, SIN DUDA, AQUELLOS QUE TIENEN UNA RELACIÓN DIRECTA CON TU ANIMAL SIMBÓLICO, EL CARNERO: LAS TESTAS, LOS OBJETOS DE MARFIL, LA LANA... SIN EMBARGO HAY QUE ADVERTIR QUE UN ANIMAL MUERTO INDIGNAMENTE SÓLO HABRÁ LLENADO SU CUERPO DE MIEDO Y DOLOR, Y SÓLO ESO NOS DEJARÁ SENTIR TODA PARTE DE ÉL.

COLOR ROJO. ENCOMIÉNDATE A TU COLOR NATURAL. EL COLOR DE TU PLANETA REGENTE, MARTE: EL ROJO DEL DIOS DE LA GUERRA. PARA QUE LA FORTUNA TE SONRÍA

DEBES VESTIRLO FRECUENTEMENTE Y ELEGIRLO COMO EL COLOR PRINCIPAL DE TUS BIENES: PAREDES, MUEBLES, COCHE, COMPLEMENTOS... PREFIERE LOS TONOS MÁS VIVOS Y EVITA AQUELLOS MÁS OSCUROS. DEJA QUE LA LUZ LO DIFUNDA A TU ALREDEDOR. SI TIENES FAMILIA, EL ROJO DEBE SER EL COLOR QUE ELIJAS SIEMPRE EN LA ROPA Y PERTENENCIAS DE TUS HIJOS.

HIERRO. ES EL METAL MÁS NOBLE: SUSTANCIA DE NUMEROSAS ALEACIONES. SE UNE A OTROS METALES DÁNDOLES (AL MISMO TIEMPO) RESISTENCIA Y MALEABILIDAD. Y ESO ES LO QUE HACE UN ARIES EN SUS GRUPOS DE TRABAJO Y FAMILIA: UNE, FORTALECE, HACE MADURAR... BASTA CON QUE LLEVES UN OBJETO DE ESTE METAL PARA QUE TU SUERTE SEA LA MEJOR DE TODAS.

DIAMANTE. EL CRISTAL MÁS DURO, EL QUE ES CAPAZ DE SEPARAR A LA LUZ EN SU ESPECTRO SECRETO, EL QUE SIGNIFICA UNIONES Y PERMANENCIA, EL QUE SE CONFORMA (COMO TU TALENTO) A FUERZA DE PRESIÓN Y DE TIEMPO. PUEDES LLEVARLO EN UN ANILLO O COMO UNA PIEDRA DE LA FORTUNA. SI NO TIENES PRESUPUESTO PARA TENER UNO, NO IMPORTA, ERES TÚ QUIEN HACE AL DIAMANTE, NO ES EL DIAMANTE EL QUE FORJA

TU TEMPLE. USA CUALQUIER CRISTAL VALIOSO PARA TI (PORQUE TE GUSTA, POR SU FORMA, POR SU COLOR, POR LO QUE TE RECUERDA O POR QUIEN TE LO REGALÓ) Y ESE SERÁ TU DIAMANTE

ALBAHACA. SI PREFIERES UN AMULETO VIVO, TODO LO QUE TIENES QUE HACER ES EN UNA MACETA SEMBRAR LA DELICIOSA ALBAHACA. ESTE AMULETO VEGETAL TE DARÁ ESA CALMA QUE TE EVITARÁ LOS SALTOS SIN RED Y LOS SALTOS EN FALSO QUE SON TU DEBILIDAD.

AMULETO DOMÉSTICO PARA ARIES

EN UNA BOLSA DE COLOR **ROJO** (PREFERENTEMENTE UN **SAQUITO**) INTRODUCE 16 GRANITOS DE MOSTAZA, TRIGO O JUDÍA, AÑADE UNA TAZA PEQUEÑA DE SALVADO, UN PUÑADO DE 16 HOJAS DE ALBAHACA FRESCA, UN GRAMO DE CANELA EN POLVO, ALGÚN PEQUEÑO OBJETO DE HIERRO. ES NECESARIO QUE LO PREPARES LOS DÍAS MARTES, JUEVES O DOMINGO, ESTRÍCTAMENTE ENTRE LAS 12:00 DE LA NOCHE Y LAS 6:00 DE LA MAÑANA. ÁTALO A TU CINTURÓN, LLÉVALO EN EL BOLSILLO O HAZTE UN PENDIENTE CON ÉL. TE DARÁ FORTUNA Y CLARIVIDENCIA.

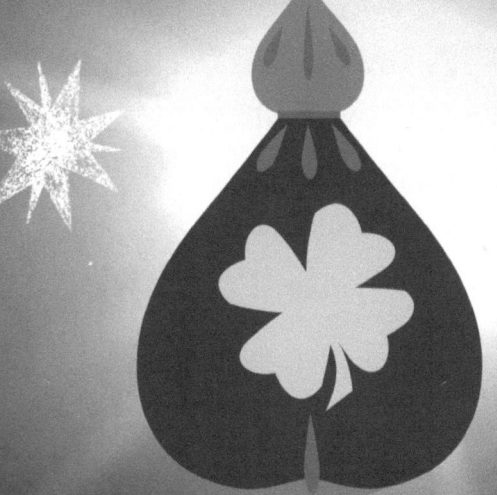

Tus miedos

ERES UN LÍDER NATO QUE NO ESPERA QUE OTROS CONQUISTEN LO DESCONOCIDO POR TI: TE PONES A LA CABEZA DE TODO ESFUERZO POR LLEGAR MÁS LEJOS Y NUNCA TE PERMITES CLAUDICAR O QUEDARTE ATRÁS. SIEMPRE VIVES BAJO SUEÑOS INALCANZABLES, PUES UNA VEZ QUE HAS LLEGADO A SATISFACER TUS DESEOS, TE PLANTEAS UNA NUEVA META, QUE NO SABES SI TENDRÁS LA POSIBILIDAD Y EL TIEMPO DE ALCANZAR...

Y ESE ES TU MAYOR TEMOR: LA PÉRDIDA DEL DESEO QUE TE IMPULSA.

NO HAY PEOR DESDICHA PARA UN NACIDO BAJO EL SIGNO DEL CARNERO QUE VERSE ATRAPADO POR LA MEDIOCRIDAD Y UNA VIDA SIN SOBRESALTOS, POR LA FALTA DE AMBICIÓN Y DE MIRAS.

NO HABLO DE UNA INCAPACIDAD FÍSICA, PUES AÚN CUANDO EL CUERPO TE FALLE SABES HALLAR LA SALIDA PARA TU

ENERGÍA Y PROYECTOS. LO QUE TE ATERRA NO ES LA CAÍDA O SUS CONSECUENCIAS. LO QUE TE DESTRUYE ES LA FALTA DE IMPULSO Y DE SUEÑOS. CUANDO LA AMBICIÓN Y EL DESEO ABANDONAN TU CORAZÓN, ES COMO SI TE AMPUTASEN EL CUERPO ENTERO.

ESTÁ ESCRITO QUE HAS NACIDO PARA ROMPER LAS MARCAS, PARA REBASAR TUS PROPIOS LÍMITES, PARA CREAR NUEVAS FRONTERAS AL CONOCIMIENTO Y LA EXPERIENCIA HUMANAS... CUANDO ESO SE HA PERDIDO, LA GRIS EXISTENCIA QUE QUEDA EN SU LUGAR NO PUEDE SUPLANTAR EL PODEROSO DESEO DE SENTIRTE VIVO Y A PRUEBA.

ME
ABUuuuuuRROOOOO

¿CÓMO PUEDES VENCER TUS MIEDOS?

LA EDAD, LA RUTINA, LOS PROBLEMAS DE LA VIDA COTIDIANA AMENAZAN CON ECHAR POR TIERRA Y DESVANECER LAS PRINCIPALES FORTALEZAS DE UN ARIES. EL MIEDO A QUE ESTO OCURRA SE OCULTA EN TU CORAZÓN Y A VECES DEJAS QUE SE CONVIERTA EN REALIDAD SIN OFRECER RESISTENCIA.

LO QUE DEBES HACER PARA VENCER ESTE TEMOR ES MUY SENCILLO Y, A LA VEZ, MUY DIFÍCIL: TIENES QUE SER TÚ MISMO, MANTENERTE EN LA BÚSQUEDA Y LA AMBICIÓN. NO RENUNCIAR EN NINGUNA DE LAS PARCELAS DE TU VIDA A TOMAR RIESGOS, POR DURO QUE PUEDA PARECER EL PRECIO A PAGAR.

EL VALOR DE SER FIEL A UNO MISMO POR ENCIMA DE TODAS LAS COSAS: ESE EL MEJOR AMULETO CONTRA EL TEMOR DE LOS ARIES.

Sálvate tú y
se salvarán
todos.

Hablemos de lo que importa: el AMOR

BUSCAS AMOR, AMOR DEL VERDADERO Y NO TE CONFORMAS CON UNA RELACIÓN TIBIA, POCO PASIONAL O FALTA DE COMPROMISO. TE ENTREGAS AL CIEN POR CIEN Y ESPERAS RECIBIR LO MISMO O MÁS.

CADA VEZ QUE TE DISPONES A CONQUISTAR A ALGUIEN, LO CONSIGUES, CON ENCANTADORA INSISTENCIA Y CON UNA FORMA DE ACERCARTE QUE DEJA A CUALQUIER PERSONA INCAPACITADA PARA RESISTIRSE A LA TENTACIÓN DE PROBAR LAS INQUIETAS MANERAS QUE TIENES PARA SATISFACERTE Y HACER QUE LA OTRA PERSONA TAMBIÉN CONSIGA SENTIRSE EN EL CIELO.

ERES UN EXPLORADOR, NO PARAS DE BUSCAR MIL FORMAS DE SER FELIZ Y DE COMPLACER COMPLETAMENTE A LA PERSONA QUE TIENES A TU LADO, PARA QUE TODOS LOS DÍAS TENGA UNA EXPERIENCIA AMOROSA Y DE RELACIO-

NES ÍNTIMAS COMPLETAMENTE DIFERENTES Y PARA
QUE PUEDA EXPLORAR POR COMPLETO CADA RINCÓN DE
TU SER Y DE TU CUERPO.

ERES FIEL Y APUNTAS A UNA RELACIÓN SERIA. PUEDE
QUE AL PRINCIPIO NO TE MUESTRES COMPLETAMENTE
ENAMORADO AUNQUE LO ESTÉS, PORQUE NO TE GUSTA
EN ABSOLUTO SENTIRTE VULNERABLE. NECESITARÁS SO-
BRADAS MUESTRAS DE INTERÉS DE LA OTRA PARTE
PARA PODER SOLTARTE Y MOSTRAR TU LADO MÁS SENSI-
BLE Y ROMÁNTICO. NO ENTREGARÁS TU CORAZÓN Y TU
CONFIANZA ASÍ COMO ASÍ.

ERES MUY DIRECTO Y APRECIAS LA HONESTIDAD. LOS
DRAMAS, LAS CONFUSIONES, LOS SECRETOS Y LAS INTRI-
GAS NO TE GUSTAN NADA.

COMO EN MUCHOS ASPECTOS DE TU VIDA, NO ERES ESPE-
CIALMENTE PACIENTE. SUELES EXPRESAR DE FORMA
CLARA TU MOLESTIA, SIENDO EN OCASIONES EXPLOSIVO

CONTIGO HAY QUE ESTAR ABIERTO A DISFRUTAR PLENA-
MENTE DEL SEXO Y LA PASIÓN, SER HONESTO Y APRENDER
A CONSERVAR LA CALMA PARA FRENAR TUS IMPULSOS.

SER AVENTURERO TE LLEVARÁ A VIVIR EXPERIENCIAS MARAVILLOSAS, POSITIVAS Y MUY BENEFICIOSAS PERO TAMBIÉN PUEDE DESENCADENAR MUCHOS PROBLEMAS, SOBRE TODO CUANDO ACTÚAS DE MANERA IMPULSIVA EN EL TERRENO AMOROSO. APRENDE A CONTAR HASTA 10 ANTES DE LLEVAR A CABO DETERMINADAS ACCIONES, ESPECIALMENTE SI ESA ACCIÓN AFECTA NO SÓLO A TU PERSONA SI NO TAMBIÉN A LOS QUE AMAS.

SERÍA RECOMENDABLE TAMBIÉN QUE DEJES UN POCO DE LADO TU IMPACIENCIA, YA QUE PUEDE HACERTE COMETER GRAVES Y PERJUDICIALES ERRORES DE LOS QUE LUEGO TE PUEDES ARREPENTIR.

HAZ USO DE TU IMPULSIVA ENERGÍA PARA LANZARTE A MARAVILLOSAS RELACIONES AMOROSAS SIN DARLE MUCHAS VUELTAS Y PARA TOMAR LA INICATIVA EN MOMENTOS CLAVES DE LA RELACIÓN.

SIEMPRE QUE USES ESA INCREÍBLE FUERZA DENTRO DE UN ÁMBITO POSITIVO, COSECHARÁS GRANDES MOMENTOS EN EL ÁREA DE LAS RELACIONES SENTIMENTALES.

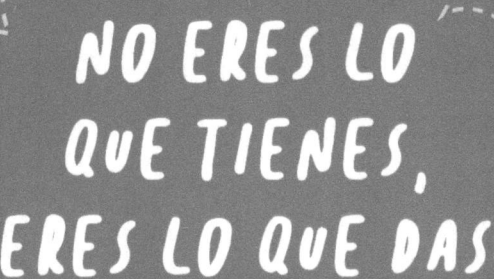

NO ERES LO
QUE TIENES,
ERES LO QUE DAS

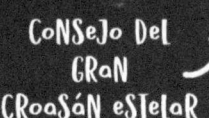

CONSEJO DEL
GRAN
CROASÁN ESTELAR

COMPATIBILIDAD ENTRE SIGNOS

ARIES Y ARIES

EL NIVEL DE COMPATIBILIDAD ES REGULAR. OS PASARÉIS EL DÍA MIDIÉNDOOS Y SE PUEDE ESTABLECER UNA RELACIÓN DE FUERZAS CONSTANTE. LOS DOS SOIS MUY APASIONADOS Y COMPETITIVOS, POR LO QUE ES PROBABLE QUE EN ESTA RELACIÓN PREDOMINEN LOS CHOQUES DE EGO Y LAS DISCUSIONES ENTRE AMBOS PUEDEN SER LARGAS Y COMPLICADAS. SIN EMBARGO, SI CONCENTRÁIS LAS ENERGÍAS EN SER CONSTRUCTIVOS EN LUGAR DE COMPETIR, LA RELACIÓN PUEDE TENER TAMBIÉN SU PARTE POSITIVA Y SER DINÁMICA, EMOCIONANTE Y OSADA.

EN EL ÁMBITO SEXUAL, LA COMPATIBILIDAD ES MUY ELEVADA, PORQUE AMBOS ENTENDÉIS LAS NECESIDADES DEL OTRO. LAS RELACIONES ÍNTIMAS SERÁN MUY APASIONADAS, ESTIMULANTES Y TOTALMENTE DESINHIBIDAS, CON PASIÓN Y MUCHO JUEGO. POR AHÍ OS SENTIRÉIS MUY SATISFECHOS.

 CONSEJO PARA HACER QUE FUNCIONE

APRENDED AMBOS A SER MÁS TOLERANTES, MENOS INTRANSIGENTES Y A ACEPTAR QUE NO PODÉIS TENER RAZÓN SIEMPRE.

ARIES Y TAURO

LA COMPATIBILIDAD ES MUY BUENA. A PRIMERA VISTA HAY DIFERENCIAS ENTRE VOSOTROS QUE PUEDEN SUPONER TODO UN RETO DE CARA A UNA RELACIÓN A LARGO PLAZO. ARIES ES ESPONTÁNEO Y POLÉMICO, MIENTRAS QUE TAURO ES MÁS PARADO Y TRANQUILO Y PREFIERE UN RITMO MÁS PAUSADO. SI AMBOS OS AMÁIS LO SUFICIENTE COMO PARA ABSORBER VUESTRAS CUALIDADES OPUESTAS, GANARÉIS MUCHO COMO PERSONAS Y COMO PAREJA. ARIES SE VOLVERÁ MÁS EQUILIBRADO Y TAURO MÁS ENÉRGICO. ARIES PUEDE SER BASTANTE CAMBIANTE E IMPREDECIBLE Y EN CAMBIO TAURO SUELE SER POSESIVO Y DEPENDIENTE. DE AHÍ, QUE PUEDA HABER ALGUNAS DISCUSIONES CUANDO TAURO SE VEA RELEGADO POR LA IMPREVISIBILIDAD DE ARIES. TAURO NECESITA ESTAR SEGURO DE QUE SU PAREJA ESTÁ COMPROMETIDO TOTALMENTE CON LA RELACIÓN.

CONSEJO PARA HACER QUE FUNCIONE (¡AÚN MEJOR!)

TAURO, APROVECHA EN EMPUJE DE ARIES PARA AVANZAR HACIA METAS CONJUNTAS Y ARIES, APRENDE DE LA ESTABILIDAD DE TAURO PARA DISFRUTAR DE LA RELACIÓN MÁS RELAJADAMENTE.

ARIES Y GÉMINIS

EL GRADO DE COMPATIBILIDAD PUEDE SER GRANDE. A GÉMINIS LE GUSTA RELACIONARSE Y, POR LO GENERAL, TIENE UN GRAN SENTIDO DEL HUMOR; ESTO ATRAE A ARIES, A QUIEN LE ENCANTA DIVERTIRSE Y REÍR MUCHO. LOS DOS DISFRUTÁIS VIVIENDO NUEVAS EXPERIENCIAS, POR LO QUE ES MUY PROBABLE QUE SEA UNA RELACIÓN MUY VARIADA E INTERESANTE.

PUEDE SER COMPLICADO LOGRAR UNA ESTABILIDAD A LARGO PLAZO, YA QUE NINGUNO DE LOS DOS TENÉIS MUCHA NECESIDAD DE ESTABILIDAD DOMÉSTICA O DE VIDA FAMILIAR. GÉMINIS PUEDE ENCONTRAR AGOTADORA LA CONSTANTE ENERGÍA Y EL EMPUJE DE ARIES, MIENTRAS QUE ARIES SE PUEDE APAGAR POR LA NATURALEZA DE EMPEZAR Y PARAR DE GÉMINIS.

LAS RELACIONES SEXUALES SERÁN MUY BUENAS. GÉMINIS INSPIRA A ARIES Y AMBOS DISFRUTÁIS EXPERIMENTANDO Y EXPLORANDO NUEVAS COSAS EN UNA RELACIÓN DE INTIMIDAD.

CONSEJO PARA HACER QUE FUNCIONE (¡AÚN MEJOR!)

TRABAJAD LOS PUNTOS EN COMÚN, INSUFLANDO ALEGRÍA Y OPTIMISMO A LA RELACIÓN PARA QUE ESTA TRIUNFE.

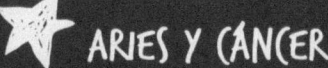 **ARIES Y CÁNCER**

LA COMPATIBILIDAD ES REGULAR PERO SUELE HABER UNA CONEXIÓN INMEDIATA A NIVEL EMOCIONAL: CÁNCER SE SENTIRÁ MUY ATRAÍDO POR EL AIRE APASIONADO, SEGURO Y ENTUSIASTA DE ARIES, QUIEN A SU VEZ, SE SENTIRÁ EN PAZ AL ESTAR CON UN CÁNCER.

ES UNA COMBINACIÓN CURIOSA QUE PUEDE LLEGAR A SER POSITIVA, AUNQUE QUIZÁ MÁS COMO AMISTAD QUE COMO RELACIÓN DE PAREJA PORQUE LA FORMA DE SER Y VUESTRAS NECESIDADES EMOCIONALES SON BASTANTE DISTINTAS. CÁNCER ES MÁS RETRAÍDO Y HOGAREÑO QUE ARIES QUE ES MÁS ENÉRGICO Y PROPENSO A TOMAR DECISIONES RÁPIDAS. LAS CONTÍNUAS EXIGENCIAS DE CÁNCER PUEDEN AFIXIAR A ARIES, QUIEN NECESITA SALIR Y RELACIONARSE TANTO EN SU VIDA PROFESIONAL COMO EN SU VIDA PERSONAL. BUENAS RELACIONES SEXUALES, AUNQUE CÁNCER PUEDE NOTAR UNA FALTA DE CLARIDAD A NIVEL EMOCIONAL.

 **CONSEJO PARA HACER QUE FUNCIONE**

ARIES DEBERÁ ESTAR DISPUESTO A MOVERSE LENTAMENTE Y CON SENSIBILIDAD Y CÁNCER INTENTAR SEGUIR EL RITMO A ARIES Y ACOSTUMBRARSE A SU PASO RÁPIDO.

 ARIES Y LEO

LA ATRACCIÓN ES INMEDIATA, OS CRECERÉIS EN COMPAÑÍA UNO DEL OTRO Y QUERRÉIS CONOCER MEJOR A VUESTRA PAREJA A TODOS LOS NIVELES: FÍSICAMENTE, MENTAL- MENTE, EMOCIONALMENTE E INCLUSO, ESPIRITUALMENTE. POR LO TANTO, LA COMPATIBILIDAD ENTRE ARIES Y LEO ES ALTÍSIMA.

AMBOS SOIS SIGNOS DE FUEGO, LO CUAL PUEDE DAR LUGAR A ALGUNAS CONFRONTACIONES Y A UN CHOQUE DE EGOS. SIN EMBARGO, COMPARTIRÉIS UNA GRAN VIDA SOCIAL Y UNA RELACIÓN DE COMPROMISO SENTIMENTAL A LARGO PLAZO, SI CONSEGUÍS COMPARTIR EL PROTAGONISMO.

LA PAREJA DEBERÁ CONSTRUIRSE SOBRE LA BASE DEL RESPE- TO MUTUO Y CON UNA PLANIFICACIÓN CUIDADOSA, DE MODO QUE LOS DOS TENGÁIS LA OPORTUNIDAD DE TOMAR DECI- SIONES POR IGUAL. NO OBSTANTE, A VECES PUEDE RESUL- TAR IMPOSIBLE EVITAR EL CHOQUE DE DESEOS E INTENTOS DE DOMINAR AL OTRO.

CONSEJO PARA HACER QUE FUNCIONE (¡AÚN MEJOR!)

USAD VUESTRA INCREÍBLE ENERGÍA PARA REMAR EN LA MISMA DIRECCIÓN, NO PARA GANAR EL UNO AL OTRO.

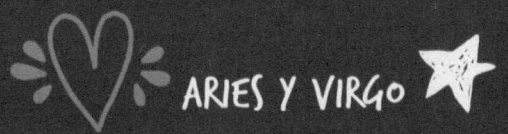 ARIES Y VIRGO

LA COMPATIBILIDAD ES REGULAR. LOS VIRGO SUELEN SER BASTANTE FRÍOS, PRÁCTICOS Y A VECES, CRÍTICOS, LO QUE SUPONE UN CONTRASTE PARA LOS ARIES QUE SON RÁPIDOS, IMPETUOSOS E IMPULSIVOS.

LOS DOS TENÉIS COSAS QUE OFRECEROS MUTUAMENTE SI SOIS LO BASTANTE ABIERTOS Y TENÉIS SUFICIENTE INTERÉS COMO PARA SUPERAR LAS BARRERAS. VIRGO PUEDE EN-SEÑARLE MUCHO A ARIES SOBRE LA IMPORTANCIA DEL ORDEN Y LA PLANIFICACIÓN; Y ÉL PUEDE APRENDER DE ARIES CÓMO AVANZAR MÁS SIN MIEDOS, SER MÁS LANZADO. ARIES ES SIMPLE Y FRANCO, MIENTRAS QUE VIRGO ES MÁS COMPLEJO, DIFÍCIL DE ENTENDER Y PROPENSO A COMPLICAR DEMASIADO LAS COSAS. A LOS VIRGO, LA SIMPLICIDAD Y EL EGO DE ARIES LES PUEDE PARECER BASTANTE SUPERFICIAL, MIENTRAS QUE ARIES PUEDE CUESTIONAR LA TENDENCIA DE VIRGO A HACER LAS COSAS MÁS DIFÍCILES DE LO QUE SON.

 CONSEJO PARA HACER QUE FUNCIONE

QUE VIRGO APROVECHE EL ÍMPETU DE ARIES PARA SER MÁS ATREVIDO EN LA RELACIÓN Y ARIES APRENDA A "PARARSE A OLER LAS FLORES" JUNTO A SU PAREJA VIRGO.

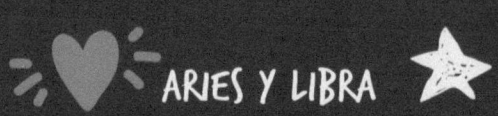

ARIES Y LIBRA

SOIS SIGNOS OPUESTOS, LO CUAL PUEDE SER BUENO AL INICIO DE LA RELACIÓN POR LA ATRACCIÓN DE OPUESTOS. NO OBSTANTE, A MEDIDA QUE EL TIEMPO PASA, LA NOVEDAD DESAPARECE Y PUEDE QUE HAYA DEMASIADAS DIFERENCIAS PARA QUE LA RELACIÓN FUNCIONE A LARGO PLAZO, A MENOS QUE EXISTA UNA BASE MUY FUERTE DE AMOR Y DE BUENA VOLUNTAD POR PARTE DE AMBOS PARA ADAPTAR VUESTRAS FUERTES PERSONALIDADES.

SOIS MUY SOCIABLES, PERO TAMBIÉN DE FORMA DISTINTA. LIBRA NECESITA ANALIZAR DETENIDAMENTE LAS CONVERSACIONES Y LAS PERSONALIDADES, MIENTRAS QUE ARIES PREFIERE QUEDARSE EN LA SUPERFICIE Y, POSTERIORMENTE, SEGUIR ADELANTE HACIA NUEVAS CONQUISTAS Y EXPERIENCIAS.

CONSEJO PARA HACER QUE FUNCIONE

SI ARIES SE VUELVE MENOS IMPACIENTE, DESCUBRIRÁ ELEMENTOS EN LA PERSONALIDAD DE LIBRA QUE LE FASCINARÁN Y LIBRA LLEGARÁ A VER LAS RESPUESTAS IMPULSIVAS DE ARIES COMO ALGO SIN IMPORTANCIA, EN LUGAR DE SENTIRSE AMENAZADO POR ELLAS.

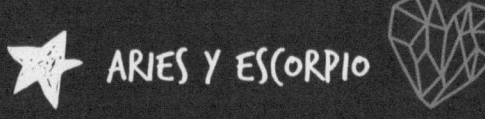 ARIES Y ESCORPIO

COMBINACIÓN MUY COMPLICADA DEBIDO A LAS ENORMES DIFERENCIAS ENTRE VUESTROS CARACTERES.

ARIES TIENDE A SER EXTROVERTIDO, SEGURO E IMPULSIVO Y NO SUELE TOMARSE BIEN LAS CRÍTICAS; MIENTRAS QUE LOS ESCORPIO SON MUCHO MÁS INTROVERTIDOS, PRÁCTICOS, CONSERVADORES E INCLUSO, PESIMISTAS.

UNA RELACIÓN MUY APASIONADA E INTENSA CON MARCADOS ALTIBAJOS, LLENA DE PELEAS Y FUEGOS ARTIFICIALES.

SI AMBOS ESTÁIS DECIDIDOS A HACER QUE LA RELACIÓN FUNCIONE, SE PUEDE LOGRAR UNA FELICIDAD Y SATISFACCIÓN ÚNICAS, PERO EL CAMINO NO SERÁ FÁCIL.

MUCHOS SIGNOS NO TIENEN LA ENERGÍA NECESARIA PARA SEGUIR EL RITMO DE ESCORPIO, PERO ARIES TIENE AMBAS, TANTO FÍSICA COMO MENTAL, PUNTO A FAVOR PARA EL ÉXITO DE LA RELACIÓN.

SEXUALMENTE SOIS MUY COMPATIBLES.

 CONSEJO PARA HACER QUE FUNCIONE

AMBOS DEBERÉIS APRENDER A TENER TACTO Y EVITAR ENTRAR EN UNA RELACIÓN DE FUERZA.

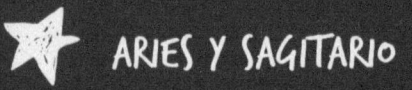

ARIES Y SAGITARIO

SOIS SIGNOS DE FUEGO, POR LO QUE A ESTA COMBINACIÓN NO LE FALTARÁ NADA DE VARIEDAD Y EMOCIÓN, PUDIENDO SER, A VECES, EXPLOSIVA. LA RELACIÓN DESPEGARÁ DIRECTAMENTE DESDE SU COMIENZO. SU GRADO DE COMPATIBILIDAD ES MUY ALTO.

TENÉIS AMBOS UNA CAPACIDAD DE ATENCIÓN RELATIVAMENTE CORTA Y NECESITÁIS CAMBIOS CONSTANTES. PREFERÍS LA EMOCIÓN AL ABURRIMIENTO EN LAS RELACIONES Y, EN ESTE SENTIDO, ESTÁIS HECHOS EL UNO PARA EL OTRO. LOS VIAJES Y EXPLORACIONES CULTURALES SACARÁN LO MEJOR DE CADA UNO Y DARÁ LUGAR A UNA RELACIÓN DE PAREJA SÚPER ESTIMULANTE.

SEXUALMENTE LOS DOS SOIS TAMBIÉN MUY COMPATIBLES Y AVENTUREROS Y AMBOS DISFRUTARÉIS MUCHÍSIMO EXPLORANDO NUEVAS FORMAS DE EXPRESAR VUESTRO AMOR FÍSICA Y EMOCIONALMENTE.

CONSEJO PARA HACER QUE FUNCIONE (¡AÚN MEJOR!)

ES PROBABLE QUE ALGUNAS DISCUSIONES DERIVEN EN ACALORADOS ENFADOS, INTENTAD NO LLEVAR ESAS DISCUSIONES AL PLANO PERSONAL Y TODO IRÁ SOBRE RUEDAS.

ARIES Y CAPRICORNIO

COMBINACIÓN COMPLICADA POR LAS ENORMES DIFERENCIAS ENTRE VUESTROS CARACTERES. DEBERÉIS PONER MUCHO DE VUESTRA PARTE PARA QUE FUNCIONE.

UNA DE LAS CARACTERÍSTICAS MÁS FUERTES DE LOS CAPRICORNIO ES QUE LES RESULTA DIFÍCIL COMPROMETERSE TOTALMENTE EN UNA RELACIÓN Y, PARA HACERLO, SE TIENEN QUE SENTIR MUY SEGUROS DE SU PAREJA. AUNQUE PUEDEN ENVIDIAR LA ENERGÍA DE ARIES, LES SERÁ DIFÍCIL AFRONTAR EL GUSTO POR LA LIBERTAD DE ÉSTE. POR OTRA PARTE, ARIES NECESITA VARIEDAD Y UNA VIDA CHISPEANTE, POR LO QUE SE PODRÍA SENTIR ATRAPADO EN UNA RELACIÓN CON CAPRICORNIO.

SEXUALMENTE, LA COMBINACIÓN TAMBIÉN TIENE SUS DIFICULTADES, YA QUE MIENTRAS QUE A ARIES LE GUSTA EXPERIMENTAR Y SER AVENTURERO, CAPRICORNIO ES MUCHO MÁS CONSERVADOR

 CONSEJO PARA HACER QUE FUNCIONE

DEBERÉIS COMPROMETEROS Y TENER PACIENCIA, BUSCAR TODOS LOS PUNTOS EN COMÚN QUE PODÁIS Y HACER DE ELLOS VUESTRA BANDERA. EL AMOR TODO LO PUEDE.

ARIES Y ACUARIO

TENÉIS MUCHO EN COMÚN Y UN GRADO DE COMPATIBILIDAD MUY ALTO. AMBOS SOIS INDEPENDIENTES, HUMANITARIOS, OPTIMISTAS Y ENTUSIASTAS. OS GUSTAN LAS EMOCIONES FUERTES, LA VALENTÍA Y EL CARÁCTER PROGRESIVO DE LOS ACUARIO TIENDE A ATRAER MUCHO A LOS ARIES.

SI BIEN ACUARIO SIEMPRE ES MÁS DIFÍCIL A LA HORA DE LA SEDUCCIÓN, UNA VEZ QUE SE ENAMORA Y SE COMPROMETE EN UNA RELACIÓN SE ENTREGA A FONDO AL AMOR. PODÉIS LLEGAR A TENER DIFERENCIAS POR ALGUNAS CARACTERÍSTI- CAS INDIVIDUALISTAS DE ARIES.

EN EL ÁMBITO SEXUAL, LAS RELACIONES SUELEN SER SATIS- FACTORIAS. LA PREDISPOSICIÓN DE LOS ARIES A PROBAR COSAS Y LA CAPACIDAD DE INVENTAR NUEVAS EXPERIENCIAS Y JUEGOS DE LOS ACUARIO SE COMPLEMENTAN MUY BIEN. SOIS MUY SOCIABLES Y DISFRUTARÉIS MUCHO LAS SALIDAS CON OTRAS PERSONAS, YA SEAN AMIGOS O FAMILIARES.

CONSEJO PARA HACER QUE FUNCIONE (¡AÚN MEJOR!)

ARIES DEBERÍA CONTROLAR SU EGOCENTRISMO PARA NO ES- PANTAR A ACUARIO Y ACUARIO SALTAR AL RUEDO DEL AMOR SIN DUDARLO TANTO O ARIES PODRÍA CANSARSE DE ESPERAR.

ARIES Y PISCIS

ES UNA COMBINACIÓN DIFÍCIL PORQUE A PESAR DE UNA FUERTE ATRACCIÓN INICIAL, EXISTEN DIFERENCIAS IMPORTANTES ENTRE VOSOTROS.

EL FUEGO DE ARIES PUEDE SER EXTINGUIDO POR EL AGUA DE PISCIS, QUE PUEDE PERTURBAR EL LADO FELIZ Y DIVERTIDO DE SU PAREJA ARIES.

ARIES ES ESPONTÁNEO, RADICAL Y MUY SINCERO, ASPECTOS QUE CHOCAN CON LA PERSONALIDAD INTROVERTIDA DE PISCIS, QUE SUELE TENER SU MUNDO INTERIOR, ES MUY RESERVADO PERO MUY AMOROSO Y SENTIMENTAL. POR ESO ESTA RELACIÓN SERÁ TODO UN RETO PARA AMBOS.

LAS RELACIONES SEXUALES SERÁN BUENAS SI ESTÁIS ENAMORADOS O SENTÍS MUCHA PASIÓN EL UNO POR EL OTRO. CUANDO PISCIS AMA, LO HACE SIN CONDICIONES Y ESTO LE ENCANTARÁ A ARIES QUE ES UN SIGNO MUY SENSUAL.

CONSEJO PARA HACER QUE FUNCIONE

ES IMPRESCINDIBLE ACEPTAR A TU PAREJA TAL COMO ES Y NO INTENTAR CAMBIARLA. SI ESTO SE LOGRA, PISCIS SERÁ CAPAZ DE ENRIQUECER LA VIDA DE SU PAREJA ARIES DESDE EL PUNTO DE VISTA ESPIRITUAL Y DE GENEROSIDAD Y ARIES DARLE A ÉL UN POCO DE VIDILLA.

CÓMO ENAMORAR A LOS OTROS SIGNOS

INDEPENDIENTEMENTE DE LA CLARIFICADORA INFORMACIÓN PREVIA, EL AMOR VIENE ASÍ DE ESTA MANERA, Y TE HAS ENAMORADO DE OTRO SER HUMANO (ESPERO), AQUÍ VAN LOS CONSEJOS INFALIBLES PARA QUE ARIES ENAMORE A CADA UNO DE ELLOS:

ARIES: PARA ENAMORAR A OTRO ARIES TENDRÁS QUE CEDER Y DEJAR DE QUERER CONTROLARLO TODO. NECESITARÁS MUCHA PACIENCIA Y TOLERANCIA PARA SOPORTAR LA VEHEMENCIA DE OTRO ARIANO. LO CONQUISTARÁS POR EL LADO DE LA PASIÓN, EL ROMANTICISMO, LA AVENTURA; PERO TAMBIÉN DEBERÁS CONSENTIRLE UN POCO Y ACOMPAÑARLO.

TAURO: TENDRÁS QUE CONTROLAR TUS IMPULSOS Y EMOCIONES FUERTES, YA QUE TAURO ES TRANQUILO Y NO LE AGRADA QUE ALTEREN SU SERENIDAD. NO TE MUESTRES IMPREVISIBLE, DALE CONTENCIÓN Y SEGURIDAD, HAZLE SABER QUE PUEDES COMPROMETERTE Y SER FIEL.

GÉMINIS: MUÉSTRALE TU LADO CREATIVO Y TUS IDEAS, CONVERSA Y RÍE MUCHO CON ÉL O ELLA. ASÍ GÉMINIS SABRÁ QUE NO SE ABURRIRÁ AL LADO DEL CARNERITO.

TAMBIÉN ES IMPORTANTE LA PREDISPOSICIÓN PARA DARLE EXPLICACIONES, CONTENERLO CUANDO SU MENTE SE DISPARA Y ACOMPAÑARLO EN LA BÚSQUEDA DE SENTIDO.

CÁNCER: TENDRÁS QUE CONTROLAR TU ENERGÍA IMPETUOSA Y VEHEMENTE, Y TRATAR AL CANGREJO CON SUAVIDAD Y DULZURA. LO ENAMORARÁS CON TU LADO ROMÁNTICO Y CON TU PERSONALIDAD SEGURA Y ENTUSIASTA, PERO DEBERÁS DEMOSTRARLE MADUREZ, RESPONSABILIDAD Y SOLIDEZ. LA POSIBILIDAD DE FORMAR UNA FAMILIA Y DE TENER UNA VIDA ESTABLE Y TRANQUILA ATRAE MUCHO A CÁNCER. SÓLO SI ESTÁS EN UNA ETAPA APACIBLE PODRÁS HACERLE ESAS PROMESAS.

LEO: TIENES QUE CEDER UN POCO EN PÚBLICO. DÉJALO SER EL CENTRO DE ATENCIÓN; NO TE INTERPONGAS EN SU DESEO DE DOMINAR SITUACIONES PORQUE PODRÍAS HERIR SU ORGULLO. EN LA INTIMIDAD, ES MÁS SENCILLO DOMINAR AL LEÓN CON CARIÑO Y HALAGOS, CONVIRTIÉNDOLO EN UN MANSO GATITO.

VIRGO: DEBERÁS PONER LOS PIES EN LA TIERRA SI QUIERES LLEVARTE BIEN CON VIRGO, PERO PUEDE QUE TERMINES ABURRIÉNDOTE O REPRIMIÉNDOTE. VIRGO ES DELICADO,

ORDENADO Y PRUDENTE, NO SE DEJA LLEVAR POR SUS PASIONES. TIENES QUE ESCUCHARLO Y ACOMPAÑARLO EN SU NECESIDAD DE REFLEXIONAR Y PLANIFICAR. CONTÁGIALE VALENTÍA Y MOTIVACIÓN, Y HAZLE SENTIR SEGURO. CON PACIENCIA, LOGRARÁS QUE PUEDA DEJAR DE PENSAR Y COMIENCE A SENTIR.

LIBRA: LIBRA PUEDE SENTIRSE AMENAZADO POR LA PERSONALIDAD DE ARIES. TENDRÁS QUE APRENDER A SER MENOS DOMINANTE E IMPETUOSO PORQUE LIBRA NO SOPORTA PRESIONES NI IMPOSICIONES. TEN PACIENCIA CON ÉL, RESPETA SU AUTONOMÍA Y SU NECESIDAD DE REFLEXIONAR ANTES DE ACTUAR.

ESCORPIO: DEBERÁS SACRIFICAR MUCHO DE TU PERSONALIDAD PARA QUE TU PAREJA ESCORPIANA PUEDA SENTIRSE A GUSTO. TENDRÁS QUE TENER MUCHO TACTO Y TRATARLO CON SUAVIDAD, YA QUE ES MUY SENSIBLE Y SE VE FÁCILMENTE AFECTADO POR CASI TODO.

SAGITARIO: LO ENAMORARÁS DE INMEDIATO CON TU VITALIDAD Y DINAMISMO. PARA CONQUISTARLO, INVÍTALO A HACER ALGO ORIGINAL Y DIFERENTE, YA QUE AMBOS DISFRUTÁIS DEL DESCUBRIMIENTO, LA BÚSQUEDA DE NUEVAS

EMOCIONES Y EXPERIENCIAS. RESPETA SU INDEPENDENCIA, PONLE FRENO A TU INSTINTO DE DOMINAR LA SITUACIÓN.

CAPRICORNIO: DESACELERA PARA NO ATROPELLARLO Y TEN EN CUENTA QUE SUS MOTIVACIONES SON PRÁCTICAS. SÉ COMPRENSIVO CON SU PESIMISMO E INTENTA CONTAGIARLE UN POCO DE TU ENERGÍA. SI LE DEMUESTRAS QUE PUEDES SERLE ÚTIL PARA CUMPLIR SUS OBJETIVOS, NO DUDARÁ EN UNIRSE A TI.

ACUARIO: SE SENTIRÁ ATRAÍDO POR TU VALENTÍA Y FUERZA. ACUARIO SE PREOCUPA MUCHO POR CUESTIONES SOCIALES, POR LO QUE SERÍA BUENO QUE PONGAS ALGO DE TU ENERGÍA AL SERVICIO DE ESTAS CAUSAS SI QUIERE ENAMORARLO. SE MOLESTARÁ SI ERES EGOCÉNTRICO Y ANTEPONES TUS INTERESES A LOS DE LOS DEMÁS. CONECTARÉIS BIEN SI PROYECTÁIS JUNTOS Y TRABAJÁIS EN EQUIPO.

PISCIS: APAGARÁ UN POCO TU FUEGO, YA QUE NECESITA CALMA Y PREFIERE REFLEXIONAR ANTES DE ACTUAR. NO DEJES VISLUMBRAR QUE NO CONTROLAS TUS IMPULSOS PORQUE SINO TE VERÁ COMO IRRESPONSABLE Y SUPERFICIAL. DEMUÉSTRALE QUE SABES LO QUE HACES Y QUE LA DIFERENCIA ES SÓLO ENERGÉTICA, PARA QUE PUEDA CONFIAR EN TI.

Aries y el sexo

LA VIDA SEXUAL CONTIGO PUEDE SER REALMENTE ASOMBROSA. HAY QUE TENER LA MENTE ABIERTA, YA QUE ERES UNA ESPECIE DE EXPLORADOR SEXUAL QUIERES PROBAR TODO LO QUE HAY POR PROBAR. ERES MUY CURIOSO EN ESTE CAMPO Y TE GUSTA EXPERIMENTAR. EL SEXO PARA TI ES UNA AVENTURA.

VARIEDAD, ESPONTANEIDAD Y ENTUSIASMO SON CLAVES PARA MANTENERTE SATISFECHO. POR LO TANTO TE ENCANTARÁ QUE TE ACARICIEN POR DEBAJO DE LA MESA, QUE LE SORPRENDAN EN UN BAÑO, QUE TE HAGAN EL AMOR EN UN COCHE...

EN DEFINITIVA, QUE TE SORPRENDAN. ESA SORPRESA TE ESTIMULARÁ HASTA LÍMITES INSOSPECHADOS, GOZANDO ASÍ DE UNA EXPERIENCIA SEXUAL PLENA Y SORPRENDENTE. SI ALGO PUEDEN TENER CLARO TUS ACOMPAÑANTES,

ES QUE CONTIGO, SE VAN A DIVERTIR.

AUNQUE APARENTAS SER MUY SEGURO DE TI MISMO, TIENES UN GRAN TEMOR A SER RECHAZADO. NECESITAS SABER QUE EL OTRO ESTÁ 100 POR 100 POR TI.

TUS RELACIONES SEXUALES NO SON APTAS PARA LOS BLANDOS DE CORAZÓN NI DE PERSONALIDAD. DEBEN SER FUERTES, PERO DEJARTE LLEVAR LAS RIENDAS DE LA RELACIÓN.

EN LA CAMA TE GUSTAN LOS JUEGOS ERÓTICOS, LAS FANTASÍAS, LA NOVEDAD, INCLUSO FINGIR UN JUEGO DE SADO. POR SUPUESTO, TÚ SERÍAS "EL AMO".

TIENES COMPATIBILIDAD SEXUAL CON LEO Y SAGITARIO, QUE SON SIGNOS DE FUEGO COMO TÚ. Y TAMBIÉN CON LIBRA QUE ES UN SIGNO QUE DISFRUTA TANTO DEL BUEN SEXO COMO DE LA BUENA MESA. TAMBIÉN CON LOS OTROS DOS SIGNOS DE AIRE ACUARIO Y GÉMINIS

Aries y el trabajo

ERES PROPENSO A LA CREACIÓN DE PROYECTOS Y DE EM-
PRESAS, SOBRE TODO CUANDO TIENES UNA IDEA QUE TE
VIENE RONDANDO EN LA CABEZA HACE MUCHO TIEMPO,
YA QUE ERES CAPAZ DE HACER TODO PARA LLEVAR A CABO
LO QUE ESTÁS PLANEANDO, AUNQUE SEA ARRIESGADO.

ERES EMPRENDEDOR, SIEMPRE TIENES PASIÓN POR LO
QUE HACES. TOMARÁS LOS RIESGOS NECESARIOS FRENTE A
TODO LO QUE SE VENGA ENCIMA, NO TE QUEJARÁS SI LAS
COSAS SALEN MAL PORQUE SIEMPRE HAS SABIDO LOS RIES-
GOS QUE VAS A CORRER ANTES DE TOMAR UNA DECISIÓN.

NO DUDARÁS EN REALIZAR UN PROYECTO QUE TIENE OP-
CIONES DE SER EXITOSO AUNQUE OTROS TE DIGAN QUE
NO ES POSIBLE, YA QUE PARTE DE TU CONFIANZA RADICA
EN ESE SEXTO SENTIDO QUE TE HA APORTADO TANTO EN

TU VIDA Y QUE NO ESTÁS DISPUESTO A PERDER POR NADA DEL MUNDO.

SI TE LO PROPONES, PUEDES SER UN GRAN DEPORTISTA, YA QUE ERES INCANSABLE Y SIEMPRE QUIERES SER EL NÚMERO UNO. ERES FUERTE Y LUCHADOR, POR ESO UNA CARRERA LIGADA AL DEPORTE PUEDE SER EXITOSA.

NUNCA VAS A TRAICIONAR A ALGUIEN PARA LLEGAR ARRIBA, YA QUE SABES MUY BIEN QUE ESO NO ES UN TRIUNFO LEGÍTIMO, TÚ SIEMPRE QUIERES GANAR GRACIAS A TU ESFUERZO Y TU TALENTO, NO GRACIAS A LAS TRAMPAS.

TIENES UN ALTO SENTIDO DEL GUSTO POR LO QUE PODRÍAS SER EXCELENTE EN UNA CARRERA LIGADA A LA MODA EN TODAS SUS FORMAS, YA SEA FABRICÁNDOLA O VISTIÉNDOLA.

TU ENCANTO SIEMPRE TE LLEVARÁ LEJOS PORQUE NO TEMES MOSTRARTE COMO DE VERDAD ERES Y PUEDES IMPRESIONAR A QUIEN SEA EN UNA REUNIÓN O EN UNA AUDICIÓN, TAMBIÉN EN CUALQUIER ENTREVISTA, YA QUE

ERES TEMERARIO Y PUEDES HACERLE FRENTE A CUALQUIER DIFICULTAD QUE SE TE PRESENTE EN EL CAMINO.

NECESITAS ENFRENTAR RETOS, CAMBIAR CONSTANTE-MENTE Y RENOVARTE. LAS LABORES RUTINARIAS TE CAN-SARÁN FÁCILMENTE, PUES ERES UNA PERSONA DINÁMICA Y CREATIVA

TUS EMPLEOS IDEALES SON DESDE BOMBERO, PASANDO POR PROBADOR DE COCHES, MILITAR, PROFESIONES RELA-CIONADAS CON LOS METALES EN GENERAL (COMO PODRÍA SER CIRUJANO, MODISTA, DISEÑADOR —POR LO QUE SUPONE RENOVAR CADA TEMPORADA—, INGENIERO, MECÁNICO, FERRETERO O EXPLORADOR).

VIRTUDES: AVENTURERO, EMPRENDEDOR, COMPETITIVO, PIONERO.

DEFECTOS: IMPACIENTE, GASTAS MÁS DE LO QUE GANAS, IMPULSIVO.

UN EMPRENDEDOR VE OPORTUNIDADES DONDE OTROS SOLO VEN PROBLEMAS
SOY EL ASTEROIDE SABIO Y TENGO UN MENSAJE PARA TI

Aries y la amistad

DISFRUTAS LIDERANDO Y TE SIENTES A GUSTO CUANDO LA ATENCIÓN CAE SOBRE TI. ERES UNA PERSONA MUY SOCIABLE Y DIVERTIDA POR LO QUE MANTENER UNA AMISTAD CONTIGO ES BASTANT SENCILLO.

VALORAS MUCHO LA LEALTAD Y NO SOPORTAS NI PERDONAS SER TRAICIONADO.

ERES FIEL, ABIERTO Y SIEMPRE DISPUESTO A ESCUCHAR Y AYUDAR A TUS SERES QUERIDOS. SABES GUARDAR BIEN LOS SECRETOS, POR LO QUE LAS CONFIDENCIAS CONTIGO NO CORREN PELIGRO.

DESTACAS POR TU OPTIMISMO, ENERGÍA, ALEGRÍA Y EXCELENTE SENTIDO DEL HUMOR POR ESO CONTIGO HAY SIEMPRE ALGO SEGURO: DIVERSIÓN AL MÁXIMO.

SIN EMBARGO HAY UN ASPECTO QUE NO PODEMOS OLVI-

DAR: TU NECESIDAD DE LIDERAR Y LLEVAR EL CONTROL DE LAS COSAS. EN OCASIONES ESTO PUEDE RESULTAR MUY MOLESTO, PUES QUERRÁS SER SIEMPRE QUIEN ORGANIZA LOS PLANES, LAS SALIDAS, LOS VIAJES, LAS COMIDAS ¡TODO! TE CUESTA MUCHO DELEGAR Y CEDER, LO QUE PUEDE DIFICULTAR A VECES LAS NEGOCIACIONES MÁS COTIDIANAS.

ERES UN GRAN CONSEJERO Y DISFRUTAS ESCUCHANDO A LOS OTROS, TAMBIÉN PARA APRENDER COSAS NUEVAS, PUES TU CURIOSIDAD TE LLEVA A QUERER SABER DE TODO.

ERES FRANCO Y DIRECTO, SIEMPRE DIRÁS LAS COSAS A LA CARA, ALGO QUE AL COMIENZO PUEDE INCOMODAR PERO QUE CON EL TIEMPO TODOS APRENDERÁN A APRECIAR.

CONGENIAS MUY BIEN CON SAGITARIO GRACIAS A LA CAPACIDAD QUE TENÉIS AMBOS DE NO DARLE IMPORTANCIA A LOS PROBLEMAS NI TAMPOCO TOMARSE DEMASIADO EN SERIO LOS ENOJOS. TAMBIÉN HACES BUENAS MIGAS CON EL OTRO SIGNO DE FUEGO, LEO.

PISCIS, TAURO Y GÉMINIS PUEDEN SER TAMBIÉN BUENOS COMPAÑEROS DE VIAJE.

La página mágica

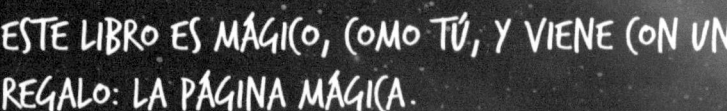

ESTE LIBRO ES MÁGICO, COMO TÚ, Y VIENE CON UN REGALO: LA PÁGINA MÁGICA.

AUSPICIADO POR TUS PROTECTORES, PODRÁS FORMULAR UN DESEO Y AL ESCRIBIRLO, EL DESEO SE CUMPLIRÁ EN EL MOMENTO PRECISO.

CONCÉNTRATE, RESPIRA HONDO E INVOCA A MARTE Y A TU SAQUITO DE LA SUERTE.

EL DESEO SE CUMPLIRÁ

MI DESEO ES:

Consejos de vida para Aries

QUERIDO ARIES, COMO YA SABES TU PUNTO FUERTE ES TAMBIÉN TU PUNTO DÉBIL, TU LUCHA CONSTANTE POR DOMINAR TUS IMPULSOS Y TU DESBOCADA ENERGÍA, LA MISMA QUE A VECES TE LLEVA MÁS LEJOS QUE NADIE ES LA MISMA QUE A VECES TE DEJA INCOMPRENDIDO Y SOLO.

SI TAN SÓLO TE ENFOCARAS EN APRENDER A DOMINAR ESA FUERZA DE LA NATURALEZA QUE POSEES, PODRÍAS ESTAR SEGURO DE QUE ALCANZARÍAS LAS ESTRELLAS.

POR UN LADO, NO DEJES DE EJERCITARTE Y SOLTAR PARTE DE ESE ENERGÍA Y POR OTRA, APRENDE A CANALIZAR INTELIGENTEMENTE TU IMPULSO.
YOGA O MEDITACIÓN TE SUENAN A CIENCIA FICCIÓN, PERO POCOS PUEDEN SACAR MÁS PROVECHO DE ESAS PRÁCTICAS QUE UN ARIES.

OTRA DE TUS METAS EN EL CAMINO DE TU VIDA ES LA LUCHA POR SER QUIEN ERES. AUNQUE DESPRENDAS MUCHA SEGURIDAD EN TI MISMO, DENTRO DE TI SE PELEAN LAS DUDAS, LAS GANAS DE AGRADAR CON LAS DE SER QUIEN VERDADERAMENTE ERES.

SÓLO ESTAMOS AQUÍ DOS DÍAS, LA VIDA ES UN REGALO QUE SE DESPERDICIA SI NO LA VIVIMOS CON AUTENTICIDAD. NO VIVAS LA VIDA QUE OTROS TE MARQUEN, ARRIÉSGATE A APOSTARLO TODO POR TI, POR TUS SUEÑOS, TU MIRADA, TU SER. SI NO LO HACES, SABES QUE TARDE O TEMPRANO EL TELÓN CAERÁ Y TE SENTIRÁS ESTAFADO... POR TI MISMO.

ERES EL PRIMERO EN LA RUEDA DEL HORÓSCOPO Y POR LO TANTO ERES EL LÍDER, EL QUE ABRE PASO, AQUEL A QUIEN TODOS SEGUIRÁN. ES UNA GRAN RESPONSABILIDAD PERO TÚ SABES QUE ESTÁS DOTADO PARA ELLO.

ESTÁS LLAMADO A REVOLUCIONAR LA VIDA TAL Y COMO LA CONOCEMOS, A ROMPER MUROS Y ABRIR MENTES. COMIENZA POR TU PROPIA CASA Y CONTINÚA CON EL MUNDO ENTERO. NECESITAMOS A NUESTRO CAPITÁN.